W9-ASR-766

ANIMALES QUE NACEN VIVOS Y SANOS

A Paul y Philip,
con amor.

ANIMALES QUE NACEN VIVOS Y SANOS

Título original en inglés: *Animals Born Alive and Well*

Traducción: Ivonne Murillo,
      de la edición de
      Grosset & Dunlap, Nueva York, 1982

© 1982, Ruth Heller

D.R. © 1990 por EDITORIAL GRIJALBO, S. A.
      Calz. San Bartolo Naucalpan núm. 282
      Argentina Poniente 11230
      Miguel Hidalgo, México, D. F.

PRIMERA EDICIÓN

ISBN 968-419-958-9

IMPRESO EN MÉXICO

ANIMALES QUE NACEN VIVOS Y SANOS

Ruth Heller

grijalbo

Invierno, primavera, verano, otoño . . .

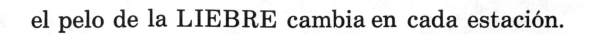
el pelo de la LIEBRE cambia en cada estación.

Los MAMÍFEROS
son
animales con piel o pelo
que amamantan
a sus crías
y necesitan
respirar aire
fresco.

No ponen huevos,
con excepción de
estos dos.

oso hormiguero espinoso

No
ponen
huevos,
pero
sus crías
nacen
también
vivas

y
saludables.

ornitorrinco

Algunas veces
el pelo
de los
MAMÍFEROS
es escaso,
como en
la
gruesa piel
del
ELEFANTE.

pequinés

terrier yorkshire,

Pero aquí hay un par con pelo...

okapí

cebra

lémur de cola
anillada

y
aquí
hay
muchos
con
rayas
y
manchas.

jirafa

*leopardo
manchado*

tigre

leopardo

armadillo de
nueve bandas

armadillo de
tres bandas

pangolín

Estos otros tienen escamas y

puercoespín

puntas filosas como uñas . . .
pero todos ellos son MAMÍFEROS.

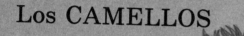

Los CAMELLOS como todos los demás son amamantados por sus madres.

dromedarios

gacelas

Los MAMÍFEROS
silvestres
y . . .

ciervo

comadreja

los **MAMÍFEROS**
domésticos

hacen más o menos lo mismo.

Cuando son
muy, muy pequeñitos,
se arrastran
hasta la bolsa
de su madre
y crecen adentro,
como este
CANGURO.

Los
MARSUPIALES
son diferentes,
pero también
son
MAMÍFEROS.

Los KOALAS
también son
MARSUPIALES.

Todos
los MAMÍFEROS
necesitan aire
para respirar,
como
bien lo sabes.

Esto
no es
problema
para los
que viven
sobre
la tierra,
e
incluso
para aquellos
que encontramos.

alce

carnero
cimarrón

mandril

panda

rinoceronte

liebre

conejillo de indias

oso hormiguero

rata canguro

comadreja

ardilla

corzo

cabra montés

bisonte

zorra roja

hipopótamo

oso hormiguero gigante

marmota de las llanuras

debajo de ella...

topo

musaraña

o para los que vuelan

murciélago

o trepan alto.

mono tití

tarsero

gibón

papión

perezoso

gálago

gibón

mono
araña

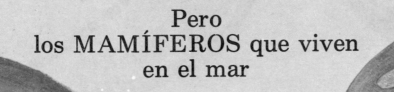

Pero
los MAMÍFEROS que viven
en el mar

marsopa

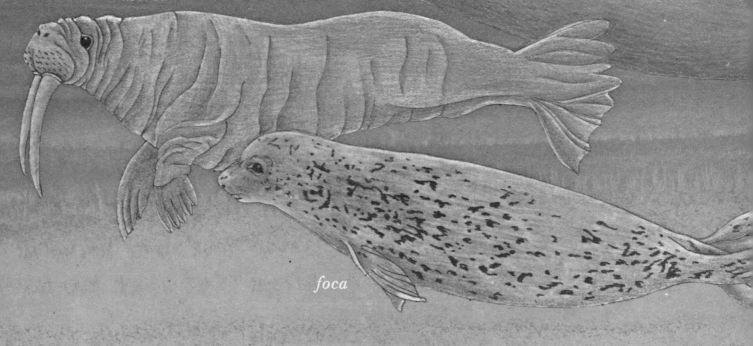

cachalote

morsa

foca

tienen que subir con frecuencia
a la superficie.

nutria marina

delfín

manatí

narval

marsopa

La
MARSOPA,
la BALLENA
y el
MANATÍ
tienen a sus crías
en el mar.

ballena jorobada

manatí

La
MORSA,
la FOCA
y
la NUTRIA
prefieren
dejar
el agua.

nutria

morsa

foca

morsa

Estos animales
son
prehistóricos,
pero
fueron
MAMÍFEROS
también.

gonfoceras

gliptodonte

baluquiterio

Sin duda
sus nombres
son muy largos
y
difíciles
de
leer.

macrauquenia

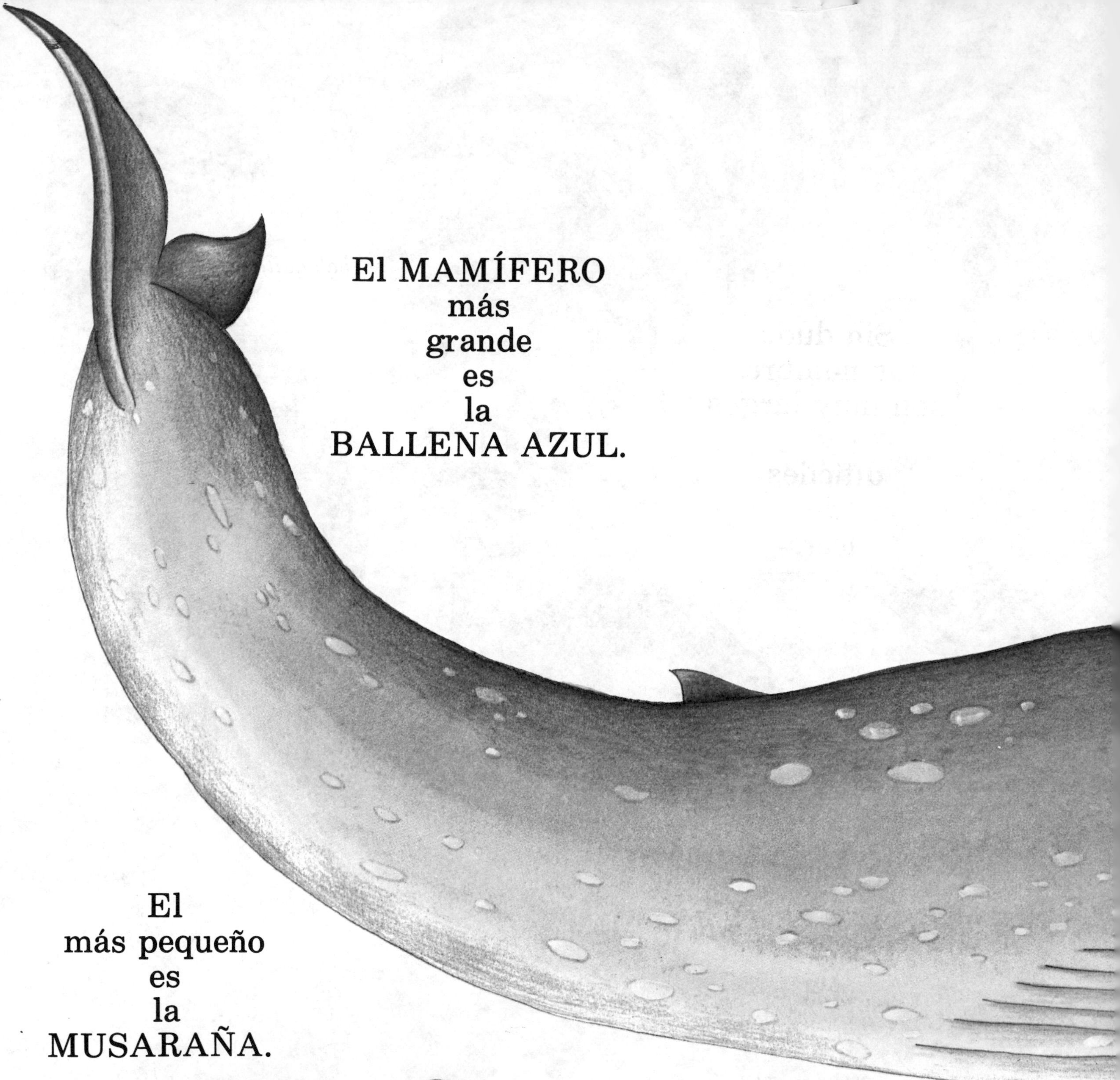

El MAMÍFERO
más
grande
es
la
BALLENA AZUL.

El
más pequeño
es
la
MUSARAÑA.

musaraña

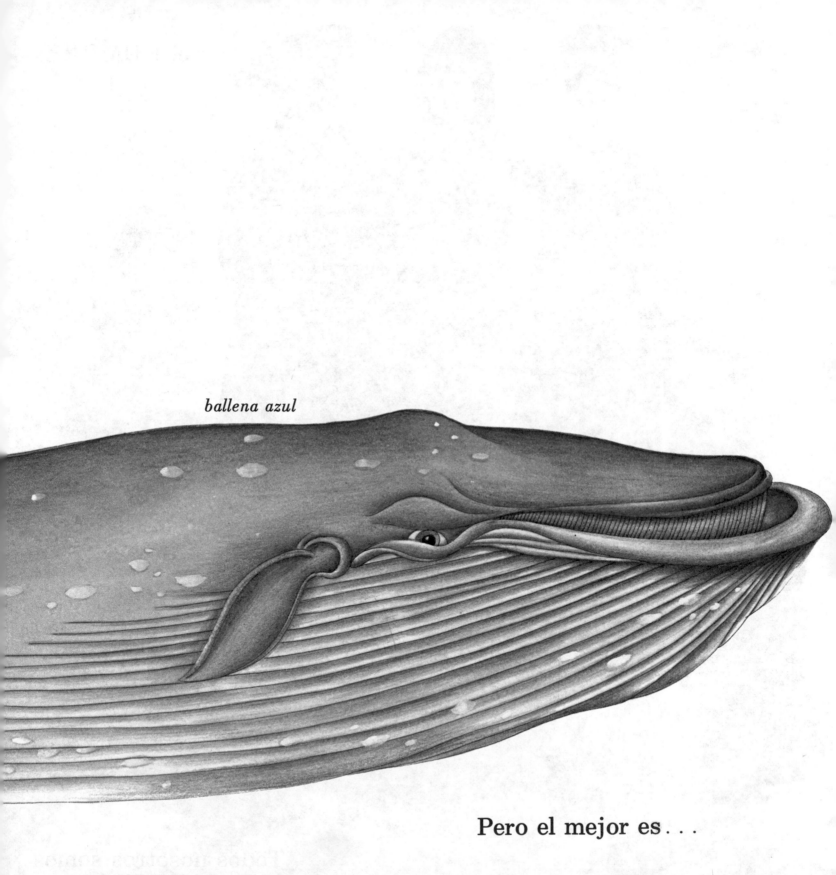

ballena azul

Pero el mejor es . . .

el HOMBRE
como
tú
y
yo.

Todos nosotros somos
MAMÍFEROS.

Como has visto
todos aquellos
que nacen vivos
son VI-VÍ-PA-ROS

chita

tapir

erizo

borrego

caballo

cerdo

Invierno, primavera, verano, otoño . . .

el pelo de la LIEBRE cambia **en** cada estación.

Esta obra se terminó de imprimir
en enero de 1995 en
Ingramex, S.A.
Centeno 162
México, D.F.

La edición consta de 3,000 ejemplares